INTRODUÇÃO AO ESTUDO DO MÉTODO DE MARX

JOSÉ PAULO NETTO

INTRODUÇÃO AO ESTUDO DO MÉTODO DE MARX

1ª EDIÇÃO

EDITORA EXPRESSÃO POPULAR

SÃO PAULO, 2011

Copyright © 2011 by Editora Expressão Popular

Revisão: *Miguel Yoshida*
Projeto gráfico, capa e diagramação: *ZAP Design*
Impressão e acabamento: *Printi*

O texto agora publicado é uma versão revisada e simplificada do ensaio "Introdução ao método na teoria social", preparado pelo Prof. José Paulo Netto para o livro, de autoria coletiva, *Serviço Social: Direitos Sociais e Competências Profissionais* (Brasília: CFESS/ABEPSS, 2009). A Editora Expressão Popular consigna seus agradecimentos ao CFESS/Conselho Federal de Serviço Social pela cessão dos direitos autorais.

Dados Internacionais de Catalogação-na-Publicação (CIP)

P331i	Paulo Netto, José 1947- Introdução ao estudo do método de Marx / José Paulo Netto. –1.ed. – São Paulo : Expressão Popular, 2011. 64 p. Indexado em GeoDados - http://www.geodados.uem.br ISBN 978-85-7743-182-3 1. Marx, Karl, 1818-1883. 2. Marxismo. I. Título. CDD 335.411 335.5

Bibliotecária: Eliane M. S. Jovanovich CRB 9/1250

Todos os direitos reservados.
Nenhuma parte deste livro pode ser utilizada
ou reproduzida sem a autorização da editora.

1ª edição: abril de 2011
11ª reimpressão: maio de 2025

EDITORA EXPRESSÃO POPULAR
Alameda Nothmann, 806 – Campos Elíseos
CEP 01216-001– São Paulo – SP
atendimento@expressaopopular.com.br
www.expressaopopular.com.br
ed.expressaopopular
editoraexpressaopopular

Sumário

Introdução 9
Interpretações equivocadas 11
O método de Marx: uma longa
elaboração teórica 16
Teoria, método e pesquisa 19
As formulações teórico-metodológicas 28
O método de Marx 51

Todo começo é difícil em qualquer ciência.
Karl Marx

Introdução

A *questão do método* é um dos problemas centrais (e mais polêmicos) da teoria social – demonstra-o o esforço dos clássicos das ciências sociais: não foi por acaso que Durkheim (1975) se ateve à construção de um método para a sociologia e que Weber (1992, 2000), além de se ocupar da conceptualização das categorias sociológicas, escreveu largamente sobre metodologia. Por isso mesmo, toda aproximação séria a tais ciências implica um esforço de clarificação metodológica (Fernandes, 1980). E não é casual que sempre que elas tenham sido objeto de questionamento, o debate metodológico esteve em primeiro plano – assim ocorreu, por exemplo, quando se tornou visível, nos anos 1960-1970, a crise da sociologia acadêmica (Gouldner, 2000; Morin, 2005 e Giddens, 1978), e assim voltou a verificar-se quando, já aprofundada esta crise, as ciências sociais desenvolveram explicitamente a discussão sobre os "paradigmas" (Santos, 1989, 1995 e 2000).

A questão do método – que também é polêmica nas ciências que têm por objeto a natureza (Popper, 1980; Geymonat, 1984-1985; Feyerabend, 1990, 2007) – apresenta-se tanto mais problemática quanto mais está conectada a supostos de natureza filosófica. De fato, não se pode analisar a metodologia durkheimiana sem considerar seu enraizamento positivista, bem como não se pode debater a "sociologia compreensiva" de Weber sem levar em conta o neokantismo que constitui um de seus suportes.

Também no que toca à teoria social de Marx a questão do método se apresenta como um nó de problemas. E, neste caso, problemas que não se devem apenas a razões de natureza teórica e/ou filosófica: devem-se igualmente a razões ideopolíticas – na medida em que a teoria social de Marx vincula-se a um projeto revolucionário, a análise e a crítica da sua concepção teórico-metodológica (e não só) estiveram sempre condicionadas às reações que tal projeto despertou e continua despertando. Durante o século XX, nas chamadas "sociedades democráticas", ninguém teve seus direitos civis ou políticos limitados por ser durkheimiano ou weberiano – mas milhares de homens e mulheres, cientistas sociais ou não, foram perseguidos, presos, torturados, desterrados e até mesmo assassinados por serem marxistas.

Esta referência ideopolítica não será tematizada neste brevíssimo texto introdutório, elaborado especificamente para estudantes que se iniciam nas Ciências Sociais e trabalhadores e militantes sociais interessados na compreensão rigorosa da sociedade em que vivemos (donde, inclusive, o caráter da bibliografia, citada apenas em idiomas conhecidos). Mas é preciso levar tal referência sempre em conta, porque uma parcela considerável das polêmicas em torno do pensamento de Marx parte tanto de motivações científicas quanto de recusas ideológicas – afinal, Marx nunca foi um obediente servidor da ordem burguesa: foi um pensador que colocou, na sua vida e na sua obra, a pesquisa da verdade a serviço dos trabalhadores e da revolução socialista.

Interpretações equivocadas

O estudo da concepção teórico-metodológica de Marx apresenta inúmeras dificuldades – desde as derivadas da sua própria complexidade até as que se devem aos tratamentos equivocados a que obra marxiana foi submetida. Antes de tangenciar as dificuldades específicas do tema, cabe mencionar rapidamente alguns equívocos que decorrem das interpretações que deformaram, adulteraram e/ou falsificaram a concepção teórico-metodológica de Marx.

Paradoxalmente, quando se analisam os equívocos e as adulterações existentes acerca desta concepção, verifica-se que foram responsáveis por eles tanto os próprios seguidores de Marx quanto seus adversários e detratores. Uns e outros, por razões diferentes, contribuíram decisivamente para desfigurar o pensamento marxiano.

No campo marxista, as deformações tiveram por base as influências positivistas, dominantes nas elaborações dos principais pensadores (Plekhanov, Kautsky) da Segunda Internacional, organização socialista fundada em 1889 e de grande importância até 1914. Essas influências não foram superadas – antes se viram agravadas, inclusive com incidências neopositivistas – no desenvolvimento ideológico ulterior da Terceira Internacional (organização comunista que existiu entre 1919 e 1943), culminando na ideologia stalinista. Delas resultou uma representação simplista da obra marxiana: uma espécie de saber total, articulado sobre uma teoria geral do ser (o *materialismo dialético*) e sua especificação em face da sociedade (o *materialismo histórico*). Sobre esta base surgiu farta literatura manualesca, apresentando o método de Marx como resumível nos "princípios fundamentais" do materialismo dialético e do materialismo histórico, sendo a *lógica dialética* "aplicável" indiferentemente à natureza e à sociedade, bastando o conhecimento das suas *leis* (as célebres "leis da dialética") para assegurar o bom andamento das pesquisas. Assim, o conhecimento da realidade não demandaria os sempre árduos esforços investigativos, substituídos pela simples "aplicação" do método de Marx, que haveria de "solucionar" todos os problemas: uma análise "econômica" da sociedade forneceria a "explicação" do sistema político, das formas culturais etc. Se, num texto célebre dos anos 1960, Sartre (1979) ironizava os resultados obtidos desta maneira, já muito antes, numa carta de 5 de agosto de 1890, Engels protestava contra procedimentos deste gênero, insistindo em que a

> Mas a nossa [de Marx e dele] concepção da história é, *sobretudo, um guia para o estudo* [...] *É necessário voltar a estudar toda a história, devem examinar-se em todos os detalhes as condições de existência das diversas formações sociais* antes de procurar deduzir delas as ideias políticas, jurídicas, estéticas, filosóficas, religiosas etc. que lhes correspondem. (Marx-Engels, 2010, p. 107; itálicos não originais).

Acresce, ainda, que, no registro dos manuais, Marx aparece geralmente como um teórico fatorialista – ele teria sido aquele que, na análise da história e da sociedade, situou o "fator econômico" como determinante em relação aos "fatores" sociais, culturais etc. Também Engels, em carta de setembro de 1890, já advertira contra essa deformação: recordando que Marx e ele sustentavam tão somente a tese segundo a qual *a produção e a reprodução da vida real apenas em última instância* determinavam a história, observava:

> Nem Marx nem eu jamais afirmamos mais que isto. Se alguém o tergiversa, fazendo do fator econômico o *único* determinante, converte esta tese numa frase vazia, abstrata, absurda. (Marx-Engels, *op. cit.*, p. 103-104).

Tal concepção reducionista, que nada tem a ver com o pensamento de Marx, é compartilhada também por muitos dos adversários teóricos de Marx. Weber, por exemplo, criticou, na "concepção materialista da história", as explicações "monocausalistas" dos processos sociais, isto é, explicações que pretendiam esclarecer tudo a partir de uma única causa (ou "fator"); a crítica é procedente se relacionada a teorias efetivamente "monocausalistas", mas é inteiramente inepta se referida a Marx, uma vez que, como realçou um de seus mais qualificados estudiosos, "é o ponto de vista da totalidade e não a predominância das causas econômicas na explicação da história que distingue de forma decisiva o marxismo da ciência burguesa" (Lukács, 1974, p. 14).

Atualmente, no diversificado e heterogêneo campo dos adversários (e mesmo detratores) de

Marx, porém, a crítica se concentra especialmente sobre dois eixos temáticos. O primeiro diz respeito a uma suposta irrelevância das dimensões culturais e simbólicas no universo teórico de Marx, com todas as consequências daí derivadas para a sua perspectiva metodológica. Apesar de amplamente difundida em meios acadêmicos, trata-se de crítica absolutamente despropositada, facilmente refutável com o recurso à textualidade marxiana – dados os limites deste escrito introdutório, recordo, tão somente como contraprovas, o peso que Marx atribui às "tradições" quando tangencia a propriedade comunal entre os eslavos (Marx, 1982, p. 18) e as suas permanentes preocupações com a especificidade de esferas ideais como a arte (Marx-Engels, 2010; Lukács, s.d. e 2009, p. 87-119). O segundo eixo temático relaciona-se a um pretenso "determinismo" no pensamento Marxiano: a teoria social de Marx estaria comprometida por uma teleologia evolucionista – ou seja, para Marx, uma dinâmica qualquer (econômica, tecnológica etc.) dirigiria necessária e compulsoriamente a história para um fim de antemão previsto (o socialismo). Vários estudiosos já mostraram sobejamente a inconsistência dessa crítica (Mészáros, 1993, p. 198-202; Wood, 2006, p. 129-154; Borón *et alii*, 2007, p. 43-47); recentemente, contudo, ela foi retomada por um teórico pós-moderno de grande influência no Brasil (Santos, 1995, p. 36-38, 243), a que dediquei uma nota crítica (Netto, 2004, p. 223 e ss.).

Praticamente todas essas interpretações equivocadas podem ser superadas – supondo-se um leitor sem preconceitos – com o recurso a fontes que operam uma análise rigorosa e qualificada da obra marxiana como, por exemplo, os diferenciados estudos de Rosdolsky (2001), Dal Pra (1971), Lukács (1979), Dussel (1985), Bensaïd (1999, terceira parte) e Mészáros (2009, cap. 8).

Entretanto, é a recorrência aos próprios textos de Marx (e, eventualmente, de Marx e Engels) que propicia o material indispensável e adequado para o conhecimento do método que ele descobriu para o estudo da sociedade burguesa.

O método de Marx: uma longa elaboração teórica

Sabe-se que Marx (1818-1883) inicia efetivamente sua trajetória teórica em 1841, aos 23 anos, ao receber o título de doutor em Filosofia pela Universidade de Jena. Mas é entre 1843 e 1844, quando se confronta polemicamente com a filosofia de Hegel, sob a influência materialista de Feuerbach, que ele começa a revelar o seu perfil de pensador original (são deste período os seus textos *Para a questão judaica* e *Crítica da filosofia do direito de Hegel. Introdução*).

É, porém, com o estímulo provocado pelas formulações do jovem Engels acerca da economia política que Marx vai direcionar as suas pesquisas para a análise concreta da sociedade moderna, aquela que se engendrou nas entranhas da ordem feudal e se estabeleceu na Europa Ocidental na transição do século XVIII ao XIX: a sociedade burguesa. De fato, pode-se circunscrever como *o problema central* da pesquisa marxiana a gênese, a consolidação, o desenvolvimento e as condições de crise da sociedade burguesa, fundada no modo de produção capitalista.

Esta pesquisa, de que resultarão as bases de sua teoria social, ocupará Marx por cerca de 40 anos, de meados da década de 1840 até a sua morte – e pode-se localizar o seu ponto de arranque nos *Manuscritos econômico-filosóficos* de 1844 e a sua culminação nos materiais constitutivos d'*O capital* (Marx, 1994 e 1968-1974). Alicerçando essa pesquisa de toda uma vida, além do profundo conhecimento que Marx adquiriu em seu trato com os maiores pensadores da cultura ocidental e de sua ativa participação nos processos político-revolucionários de sua época, está a sua *re-elaboração crítica* do acúmulo intelectual realizado a partir do Renascimento e da Ilustração. Com efeito, a estruturação da teoria marxiana socorreu-se especialmente de três linhas-de-força do pensamento moderno: a filosofia alemã, a economia política inglesa e o socialismo francês (Lenin, 1977, p. 4-27 e 35-39). Numa palavra: Marx não fez *tábula rasa* do conhecimento existente, mas partiu criticamente dele.

Cabe insistir na perspectiva *crítica* de Marx em face da herança cultural de que era legatário. Não se trata, como pode parecer a uma visão vulgar de "crítica", de se posicionar frente ao conhecimento existente para recusá-lo ou, na melhor das hipóteses, distinguir nele o "bom" do "mal". Em Marx, a crítica do conhecimento acumulado consiste em trazer ao exame racional, tornando-os conscientes, os seus *fundamentos*, os seus *condicionamentos* e os seus *limites* – ao mesmo tempo em que se faz a verificação dos conteúdos desse conhecimento a partir dos processos históricos reais. É assim que ele trata a filosofia de Hegel, os economistas políticos ingleses (especialmente Smith e Ricardo) e os socialistas que o precederam (Owen, Fourier *et alii*).

Avançando criticamente a partir do conhecimento acumulado, Marx empreendeu a análise da sociedade burguesa, com o objetivo de descobrir a sua estrutura e a sua dinâmica. Esta análise, iniciada na segunda metade dos anos 1840, configura um longo processo de elaboração teórica, no curso de qual Marx foi progressivamente determinando o método adequado para o conhecimento veraz, verdadeiro, da realidade social (Mandel, 1968). Isto quer dizer, simplesmente, que o método de Marx não resulta de descobertas abruptas ou de intuições geniais – ao contrário, resulta de uma demorada investigação: de fato, é só depois de quase 15 anos de pesquisas que Marx formula com precisão os elementos centrais de seu método, formulação que aparece na "Introdução", redigida em 1857, aos manuscritos que, publicados postumamente, foram intitulados *Elementos fundamentais para a crítica da economia política. Rascunhos. 1857-1858* (Marx, 1982, p. 3-21)[1]. É nestas poucas páginas que se encontram sintetizadas as bases do método que viabilizou a análise contida n'*O capital* e a fundação da teoria social de Marx.

Teoria, método e pesquisa

Antes de sinalizar rapidamente o processo intelectual que surge resumido na "Introdução" referida

---

[1] No momento em que escrevo, tenho informações de que este texto seminal de Marx, em tradução de Mário Duayer, será publicado em breve, numa co-edição Boitempo (S. Paulo)/Editora UFRJ (Rio de Janeiro).

acima, e mesmo antecipando algo do conteúdo deste texto de 1857, é preciso esclarecer o significado que *teoria* tem para Marx.

Para ele, a teoria não se reduz ao exame sistemático das formas dadas de um objeto, com o pesquisador descrevendo-o detalhadamente e construindo modelos explicativos para dar conta – à base de hipóteses que apontam para relações de causa/efeito – de seu movimento visível, tal como ocorre nos procedimentos da tradição empirista e/ou positivista. E não é, também, a construção de enunciados discursivos sobre os quais a chamada comunidade científica pode ou não estabelecer consensos intersubjetivos, verdadeiros jogos de linguagem ou exercícios e combates retóricos, como querem alguns pós-modernos (Lyotard, 2008; Santos, 2000, cap. 1).

Para Marx, a teoria é uma modalidade peculiar de conhecimento, entre outras (como, por exemplo, a arte, o conhecimento prático da vida cotidiana, o conhecimento mágico-religioso – cf. Marx, 1982, p. 15). Mas a teoria se distingue de todas essas modalidades e tem especificidades: o conhecimento teórico é *o conhecimento do objeto – de sua estrutura e dinâmica – tal como ele é em si mesmo,* na sua existência real e efetiva, independentemente dos desejos, das aspirações e das representações do pesquisador. *A teoria* é, para Marx, *a reprodução ideal do movimento real do objeto pelo sujeito que pesquisa*: pela teoria, o sujeito reproduz em seu pensamento a estrutura e a dinâmica do objeto que pesquisa. E esta reprodução (que constitui propriamente o conhecimento teórico) será tanto mais correta e verdadeira quanto mais fiel o sujeito for ao objeto. Detenhamo-nos um pouco neste ponto tão importante e complexo, começando pela própria noção de "ideal".

Ao mencionar a relação de seu método com o de Hegel, de quem recolheu criticamente a concepção dialética, Marx anotou:

> Meu método dialético, por seu fundamento, difere do método hegeliano, sendo a ele inteiramente oposto. Para Hegel, o processo do pensamento [...] é o criador do real, e o real é apenas sua manifestação externa. Para mim, ao contrário, *o ideal não é mais do que o material transposto para a cabeça do ser humano e por ele interpretado* (Marx, 1968, p. 16; itálicos não originais).

Assim, a teoria é o movimento real do objeto transposto para o cérebro do pesquisador – *é o real reproduzido e interpretado no plano ideal* (do pensamento). Prossigamos: para Marx, o objeto da pesquisa (no caso, a sociedade burguesa) tem existência objetiva; não depende do sujeito, do pesquisador, para existir. O objetivo do pesquisador, indo além da aparência fenomênica, imediata e empírica – por onde necessariamente se inicia o conhecimento, sendo essa aparência um nível da realidade e, portanto, algo importante e não descartável –, é apreender a *essência* (ou seja: a estrutura e a dinâmica) do objeto. Numa palavra: *o método de pesquisa que propicia o conhecimento teórico, partindo da aparência, visa alcançar a essência do objeto*[2]. Alcançando a essência do objeto, isto é: capturando a sua estrutura e dinâmica, por meio de procedimentos analíticos e operando a sua síntese, o pesquisador a *re*produz no plano do pensamento; mediante a pesquisa, viabilizada pelo método, o pesquisador *re*produz, no plano ideal, a essência do objeto que investigou.

O objeto da pesquisa tem, insista-se, uma existência objetiva, que independe da consciência do pesquisador. Mas o objeto de Marx é a sociedade

---

[2] Para Marx, como para todos os pensadores dialéticos, a distinção entre aparência e essência é primordial; com efeito, "toda ciência seria supérflua se a forma de manifestação [a aparência] e a essência das coisas coincidissem imediatamente" (Marx, 1974b, p. 939); mais ainda: "As verdades científicas serão sempre paradoxais se julgadas pela experiência de todos os dias, a qual somente capta a aparência enganadora das coisas" (Marx, 1982, p. 158). Por isso mesmo, para Marx, não cabe ao cientista "olhar", "mirar" o seu objeto – o "olhar" é muito próprio dos pós-modernos, cuja epistemologia "suspeita da distinção entre aparência e realidade" (Santos, 1995, p. 331).

burguesa – um sistema de relações construído pelos homens, "o produto da ação recíproca dos homens" (Marx, 2009, p. 244). Isto significa que a relação sujeito/objeto no processo do conhecimento teórico não é uma relação de externalidade, tal como se dá, por exemplo, na citologia ou na física; antes, é uma relação em que o sujeito está implicado no objeto. Por isso mesmo, a pesquisa – e a teoria que dela resulta – da sociedade exclui qualquer pretensão de "neutralidade", geralmente identificada com "objetividade" (acerca do debate que, sobre a "objetividade", se acumulou nas ciências sociais e na tradição marxista, cf. Löwy, 1975, p. 11-36).

Entretanto, essa característica não exclui a *objetividade* do conhecimento teórico: a teoria tem uma instância de verificação de sua *verdade*, instância que é a *prática social e histórica*. Tomemos um exemplo: da sua análise do movimento do capital, Marx (1968a, p. 712-827) extraiu a *lei geral da acumulação capitalista*, segundo a qual, no modo de produção capitalista, a produção da riqueza social implica, necessariamente, a reprodução contínua da pobreza (relativa e/ou absoluta); nos últimos 150 anos, o desenvolvimento das formações sociais capitalistas somente tem comprovado a correção de sua análise, com a "questão social" pondo-se e repondose, ainda que sob expressões diferenciadas, sem solução de continuidade. E ainda outro exemplo: analisando o mesmo movimento do capital, Marx (1974, 1974a e 1974b) descobriu *a impossibilidade de o capitalismo existir sem crises econômicas*; também, no último século e meio, a prática social e histórica demonstrou o rigoroso acerto dessa descoberta. Essas e outras projeções plenamente confirmadas sobre o desenvolvimento do capitalismo não se devem a qualquer capacidade "profética" de Marx: devem-se a que sua análise da dinâmica do capital permitiu-lhe extrair de seu objeto "a lei econômica do movimento da sociedade moderna" (Marx, 1968, p. 6) – não uma "lei" no sentido das leis físicas ou das leis sociais durkheimianas "fixas e imutáveis", mas uma *tendência histórica* determinada, que pode ser travada ou contrarrestada por outras tendências[3].

---

[3] No posfácio à segunda edição (1873) d'*O capital*, Marx cita passagens de um crítico de sua obra que considera ter apreendido corretamente o seu método de pesquisa, contrapondo-o aos "velhos economistas [que] não compreenderam a natureza das leis econômicas porque as equipararam às leis da física e da química"; ora, "é isto o que Marx contesta. [...] Cada período histórico, na sua opinião, possui suas próprias leis" (Marx, 1968, p. 15). De fato, Marx escrevera n'*O capital*, a propósito das "leis da população": "[...] Todo período histórico tem suas próprias leis [...], válidas dentro de limites históricos. Uma lei abstrata da população só existe para plantas e animais e apenas na medida em que esteja excluída a ação humana" (Marx, 1968a, p. 733).

Voltemos à concepção marxiana de teoria: a teoria é a reprodução, no plano do pensamento, do movimento real do objeto. Esta reprodução, porém, não é uma espécie de reflexo mecânico, com o pensamento espelhando a realidade tal como um espelho reflete a imagem que tem diante de si. Se assim fosse, o papel do sujeito que pesquisa, no processo do conhecimento, seria meramente passivo. Para Marx, ao contrário, o papel do sujeito é essencialmente *ativo*: precisamente para apreender não a aparência ou a forma dada ao objeto, mas a sua essência, a sua estrutura e a sua dinâmica (mais exatamente: para apreendê-lo como um *processo*), o sujeito deve ser capaz de mobilizar um máximo de conhecimentos, criticá-los, revisá-los e deve ser dotado de criatividade e imaginação. O papel do sujeito é *fundamental* no processo de pesquisa. Marx, aliás, caracteriza de modo breve e conciso tal processo: na investigação, o sujeito "tem de apoderar-se da matéria, em seus pormenores, de analisar suas diferentes formas de desenvolvimento e de perquirir a conexão que há entre elas" (Marx, 1968, p. 16).

Neste processo, os instrumentos e também as *técnicas* de pesquisa são os mais variados, desde a análise documental até as formas mais diversas de observação, recolha de dados, quantificação etc.[4] Esses instrumentos e técnicas são meios de que se vale o pesquisador para "apoderar-se da matéria", mas não devem ser identificados com o método: instrumentos e técnicas similares podem servir (e de fato servem), em escala variada, a concepções metodológicas diferentes. Cabe observar que, no mais de um século decorrido após a morte de Marx, as ciências sociais desenvolveram um enorme acervo de instrumentos/técnicas de pesquisa, com alcances diferenciados – e *todo* pesquisador deve esforçar-se por conhecer este acervo, apropriar-se dele e dominar a sua utilização.

É só quando está concluída a sua investigação (e é sempre relevante lembrar que, no domínio científico, toda conclusão é sempre provisória, sujeita à comprovação, retificação, abandono etc.) que o pesquisador apresenta, expositivamente, os resultados a que chegou. E Marx, na sequência imediata da última citação que fizemos, agrega:

> Só depois de concluído este trabalho [de investigação] é que se pode descrever, adequadamente, o movimento real.

---

[4] O próprio Marx recorreu à utilização de distintas técnicas de pesquisa (hoje caracterizadas como análise bibliográfica e documental, análise de conteúdo, observação sistemática e participante, entrevistas, instrumentos quantitativos etc.); conhece-se, inclusive, um minucioso questionário que elaborou, disponível em Thiollent (1986).

Se isto se consegue, ficará espelhada, no plano ideal, a vida da realidade pesquisada (*id., ibid.*).

Como se vê, para Marx, os pontos de partida são opostos: na investigação, o pesquisador parte de perguntas, questões; na exposição, ele já parte dos resultados que obteve na investigação – por isso, diz Marx, "é mister, sem dúvida, distinguir formalmente o método de exposição do método de pesquisa" (*id., ibid.*).

É importante observar que, considerando o conjunto da sua obra, Marx poucas vezes se deteve explicitamente sobre a questão do método. Não é casual, de fato, que Marx nunca tenha publicado um texto especificamente dedicado ao método de pesquisa tomado em si mesmo, como algo autônomo em relação à teoria ou à própria investigação: a orientação essencial do pensamento de Marx era de natureza *ontológica* e não epistemológica (Lukács, 1979): por isso, o seu interesse não incidia sobre um abstrato "como conhecer", mas sobre "como conhecer um objeto real e determinado" – Lenin, aliás, sustentava, em 1920, que o espírito do legado de Marx consistia na "análise concreta de uma situação concreta". O mesmo Lenin, uns poucos anos antes, já compreendera que a Marx não interessava elaborar uma ciência da lógica (como o fizera Hegel): importava-lhe *a lógica de um objeto determinado*

– descobrir *esta* lógica consiste em *reproduzir* idealmente (teoricamente) a estrutura e a dinâmica *deste* objeto; é lapidar a conclusão lenineana: "[...] Marx não deixou uma *Lógica*, deixou a lógica d'*O capital*" (Lenin, 1989, p. 284).

As formulações teórico-metodológicas

Sublinhei, há pouco, que o método de Marx não resulta de operações repentinas, de intuições geniais ou de inspirações iluminadas. Antes, é o produto de uma longa elaboração teórico-científica, amadurecida no curso de sucessivas aproximações ao seu objeto. Vejamos, muito esquematicamente, os principais passos dessa elaboração.

É no segundo terço dos anos 1840 que se encontram as formulações teórico-metodológicas iniciais de Marx. Densas reflexões materialistas – devidas à influência de Feuerbach – já surgem, nítidas, numa crítica à filosofia do direito de Hegel, redigida em dezembro de 1843/janeiro de 1844 e logo publicada[5]. É especialmente no curso de 1844, quando começa

---

[5] Trata-se do ensaio *Crítica da filosofia do direito de Hegel. Introdução*, que não deve ser confundido com o manuscrito de 1843, conhecido como *Crítica da filosofia do direito de Hegel, Manuscrito de Kreuznach, Manuscrito de 1843* etc. e só publicado em 1927 – ambos estão disponíveis em Marx (2005).

a se deslocar da crítica filosófica para a crítica da economia política – como se verifica nos *Manuscritos econômico-filosófico de 1844*, só tornados públicos em 1932 (Marx, 1994) –, que essas reflexões ganham uma articulação claramente dialética. Não é por acaso que, paralelamente à redação desses *Manuscritos...*, Marx retorne à hegeliana *Fenomenologia do Espírito*, demonstrando o domínio que já possui das suas categorias (Marx, 1994, p. 155-161). Se a leitura dos *Manuscritos...* revela um conhecimento ainda insuficiente da economia política, isto não compromete a segurança do autor no manuseio da dialética, manuseio que se aprofunda na sequência do estabelecimento da relação pessoal com Engels – no livro que marca o começo da sua colaboração intelectual, *A sagrada família* ou *A crítica da crítica crítica*, de 1845 (Marx-Engels, 2003), expressão do seu confronto com pensadores alemães contemporâneos. Em várias passagens, os dois jovens autores apontam a perspectiva teórica a partir da qual criticam filósofos com os quais, até pouco tempo antes, mantinham boas relações intelectuais.

Porém, é na obra a que se dedicam em seguida, *A ideologia alemã* (escrita em 1845/1846, mas só publicada em 1932), que surge a primeira formulação mais precisa das suas concepções. Marx e Engels esclarecem que as suas análises têm pressupostos, mas se trata de pressupostos *reais*: constituem-nos "os indivíduos reais, sua ação e suas condições materiais de vida, tanto aquelas por eles já encontradas como as produzidas por sua própria ação" (Marx-Engels, 2007, p. 86-87)[6]. E escrevem que, por isso mesmo, nas suas análises,

> não se parte daquilo que os homens dizem, imaginam ou representam, tampouco [d]os homens pensados, imaginados ou representados para, a partir daí, chegar aos homens de carne e osso; *parte-se dos homens realmente ativos* […], *do seu processo de vida real* (*id., ibid.*, p. 94; itálicos não originais).

Na base dessas ideias está um argumento essencial:

> Os homens são os produtores de suas representações, de suas ideias e assim por diante, mas os homens reais, ativos, tal como são condicionados por um determinado desenvolvimento de suas forças produtivas e pelo intercâmbio que a ele corresponde […]. A consciência não

---

[6] Observe-se nesta formulação a antecipação de uma passagem célebre d'*O 18 brumário de Luís Bonaparte*, na qual os homens são tomados como, simultaneamente, autores e atores da história: "Os homens fazem a sua própria história, mas não a fazem como querem; não a fazem sob circunstâncias de sua escolha e sim sob aquelas com que se defrontam diretamente, legadas e transmitidas pelo passado" (Marx, 1969, p. 17). A mesma linha de argumentação comparecerá na crítica de Marx a Proudhon, como o leitor verificará numa citação que se fará a seguir.

pode ser jamais outra coisa do que o ser consciente e o ser dos homens é o seu processo de vida real. [...] *Não é a consciência que determina a vida, mas a vida que determina a consciência* (*id.*, *ibid.*; itálicos não originais).

Extraída da análise da realidade histórica e expressamente materialista, é esta determinação das relações entre o ser e a consciência dos homens em sociedade que permitirá a Marx avançar, na segunda metade dos anos 1840, na sua análise da sociedade burguesa. Mas ela se insere na concepção que Marx e Engels já alcançaram neste período acerca da história, da sociedade e da cultura e que será desenvolvida e aprofundada nos anos seguintes. Para ambos, *o ser social* – e a sociabilidade resulta elementarmente do *trabalho*, que constituirá o modelo da *práxis* – *é um processo, movimento* que se dinamiza por *contradições*, cuja superação o conduz a patamares de crescente complexidade, nos quais novas *contradições* impulsionam a outras superações. Por estes anos, como Engels o recordará bem mais tarde, já estavam – ele e Marx – de posse de "uma grande ideia fundamental", que extraíram de Hegel: a ideia "de que não se pode conceber o mundo como um conjunto de *coisas* acabadas, mas como um conjunto de *processos*" (Marx-Engels, 1963, v. 3, p. 195).

É a partir desta "ideia fundamental" – prosseguirá Engels noutra oportunidade – que

> se concebe o mundo da natureza, da história e do espírito como um processo, isto é, como um mundo sujeito a constante mudança, transformações e desenvolvimento constante, procurando também destacar a íntima conexão que preside este processo de desenvolvimento e mudança. Encarada sob este aspecto, a história da humanidade já não se apresentava como um caos [...], mas, ao contrário, se apresentava como o desenvolvimento da própria humanidade, que incumbia ao pensamento a tarefa de seguir [...] até conseguir descobrir as leis internas, que regem tudo o que à primeira vista se pudesse apresentar como obra do acaso (Engels, 1979, p. 22).

À medida que Marx se desloca da crítica da filosofia para a crítica da economia política, suas ideias ganham crescente elaboração. É o que se verifica no primeiro texto em que desenvolve com mais rigor a crítica da economia política – o livro *Miséria da filosofia* (1847), de polêmica com o socialista francês P.-J. Proudhon –; aliás, logo que lê a obra de Proudhon (*Filosofia da miséria*, 1846) e antes mesmo de escrever sua réplica, Marx observa, em uma carta, que o fracasso teórico desse pensador deve-se a que ele "não concebe nossas instituições sociais como produtos históricos e não compreende nem a sua origem nem o seu desenvolvimento" (Marx, 2009, p. 250). Na mesma carta, Marx esclarece como já concebe a estrutura do que constituirá o objeto de pesquisa de toda a sua vida (precisamente do qual investigará a "origem" e o "desenvolvimento"):

> O que é a sociedade, qualquer que seja a sua forma? O produto da ação recíproca dos homens. Os homens podem escolher, livremente, esta ou aquela forma social? Nada disso. A um determinado estágio de desenvolvimento das faculdades produtivas dos homens corresponde determinada forma de comércio e de consumo. A determinadas fases de desenvolvimento da produção, do comércio e do consumo correspondem determinadas formas de constituição social, determinada organização da família, das ordens ou das classes; numa palavra, uma determinada sociedade civil. A uma determinada sociedade civil corresponde um determinado estado político, que não é mais que a expressão oficial da sociedade civil. […] É supérfluo acrescentar que os homens não são livres para escolher as suas *forças produtivas* – base de toda a sua história –, pois toda força produtiva é uma força adquirida, produto de uma atividade anterior. Portanto, as forças produtivas são o resultado da energia prática dos homens, mas essa mesma energia é circunscrita pelas condições em que os homens se acham colocados, pelas forças produtivas

já adquiridas, pela forma social anterior, que não foi criada por eles e é produto da geração precedente. O simples fato de cada geração posterior deparar-se com forças produtivas adquiridas pela geração precedente [...] cria na história dos homens uma conexão, cria uma história da humanidade [...]. As suas [dos homens] relações materiais formam a base de todas as suas relações (*id.*, p. 245).

E Marx avança a indicação que, nos anos seguintes, fundamentará persuasivamente:

> [...] Os homens, ao desenvolverem as suas faculdades produtivas, isto é, vivendo, desenvolvem certas relações entre si, e [...] o modo destas relações muda necessariamente com a modificação e o desenvolvimento daquelas faculdades produtivas (*id.*, p. 250).

Todas estas ideias comparecem na *Miséria da filosofia* e são basilares para a compreensão do método de Marx. Observem-se duas passagens do livro:

> As relações sociais estão intimamente ligadas às forças produtivas. Adquirindo novas forças produtivas, os homens transformam o seu modo de produção e, ao transformá-lo, alterando a maneira de ganhar a sua vida, eles transformam todas as suas relações sociais. O moinho movido pelo braço humano nos dá a sociedade com o suserano; o moinho a vapor dá-nos a sociedade com o capitalista industrial (*id.*, p. 125).

Os mesmos homens que estabeleceram as relações sociais de acordo com a sua produtividade material produzem, também, os princípios, as ideias, as categorias de acordo com as suas relações sociais. Assim, essas ideias, essas categorias são tão pouco eternas quanto as relações que exprimem. Elas são *produtos históricos e transitórios* (*id.*, p. 126).

É ainda neste texto que Marx avança duas ideias fundamentais, que só se desdobrarão com mais elementos cerca de uma década depois. A primeira diz respeito ainda às categorias econômicas; escreve ele: "As categorias econômicas são expressões teóricas, abstrações das relações sociais de produção" (*id.*, p. 125). E mais: "As relações de produção de qualquer sociedade constituem um todo" (*id.*, p. 126). Trata-se, na verdade, de duas determinações teóricas que constituirão núcleos básicos do método de pesquisa de Marx, e a elas voltaremos logo adiante.

Todas estas concepções e ideias, fundadas nos estudos históricos e nas análises da realidade que acumula a partir de meados dos anos 1840[7] – ademais das experiências políticas vividas no curso da

---

[7] Não se esqueça que Marx, de 1848 até o fim da vida, foi um permanente "analista de conjunturas" (históricas, político-econômicas e sociais). As incontáveis análises que ele produziu – geralmente publicadas em jornais e revistas – contribuíram em boa medida para o seu acúmulo teórico. Para exemplos dessas análises, cf. Marx (1969, 1986 e 1987).

revolução de 1848 –, vão adquirir um significado ainda maior no período que se inicia com o exílio de Marx em Londres (1850). Especialmente a partir de 1852, ele se dedica obsessivamente ao estudo da sociedade burguesa: analisa documentação histórica, percorre praticamente toda a bibliografia já produzida da economia política, acompanha os desenvolvimentos da economia mundial, leva em conta os avanços científicos que rebatem na indústria e nas comunicações e considera as manifestações das classes fundamentais (burguesia e proletariado) em face da atualidade. Vivendo em Londres, então capital do país capitalista mais desenvolvido, de um império de dimensões mundiais, sede do maior centro financeiro (a *City*), tendo à sua disposição a imprensa mais informada da economia e a mais completa biblioteca da época (a do *British Museum*), Marx pode enfim determinar precisamente, em sua plena maturidade, o seu objeto de estudo e o seu método de investigação. É, pois, ao fim de quase 15 anos de pesquisa que ele escreve, entre agosto e setembro de 1857, a célebre "Introdução", onde a sua concepção teórico-metodológica surge nítida[8].

---

[8] Neste e nos seguintes parágrafos não farei a remissão às páginas donde se extraem as citações de Marx, desde que retiradas da "Introdução" – todas proveem de Marx (1982, p. 3-21).

Ele inicia a "Introdução" delimitando com clareza o seu objeto de investigação: a *produção material*, que só pode ser produção de "indivíduos produzindo em sociedade" – e, com isso, Marx descarta figuras isoladas de indivíduos nas atividades econômicas. De fato, "quando se trata [...] de produção, trata-se da produção em um grau determinado do desenvolvimento social, da produção dos indivíduos sociais". Por isto mesmo, Marx considera que a "produção em geral" é uma abstração, que denota apenas um fenômeno comum a todas as épocas históricas: o fenômeno de, em qualquer época, a produção implicar sempre um mesmo sujeito (a humanidade, a sociedade) e um mesmo objeto (a natureza)[9]. Este fenômeno confere unidade à história da humanidade, mas *unidade* não é o mesmo que *identidade*: é preciso distinguir "as determinações que valem para a produção em geral" daquelas que dizem respeito a certa época; do contrário, perde-se a *historicidade* na análise, e às categorias econômicas

---

[9] Anos depois, n'*O capital*, ele determinará o *processo de trabalho* humano ("processo em que o ser humano, com sua própria ação impulsiona, regula e controla seu intercâmbio material com a natureza") como *sempre* constituído por três elementos: "a atividade adequada a um fim, isto é, o próprio trabalho; a matéria a que se aplica o trabalho, o objeto de trabalho; os meios de trabalho, o instrumental de trabalho" (Marx, 1968, p. 202).

atribuem-se vigência e valor eternos. Destarte, e consequentemente, Marx especifica que quer estudar uma determinada forma histórica de produção material: a "produção burguesa moderna".

Marx está convencido, em função dos estudos históricos que já realizara, de que "a sociedade burguesa é a organização histórica mais desenvolvida, mais diferenciada da produção". E deixa bem claro que o conhecimento rigoroso da sua produção material *não* basta para esclarecer a riqueza das relações sociais que se objetivam no marco de uma sociedade assim complexa; por exemplo, no trato da cultura, Marx enfatiza a existência de uma "relação desigual do desenvolvimento da produção material face à produção artística" e assinala ainda a dificuldade para clarificar "de que modo as relações de produção, como relações jurídicas, seguem um desenvolvimento desigual". Mas – por todo o acúmulo teórico que realizou com suas pesquisas anteriores – ele está igualmente convencido de que o *passo necessário e indispensável* para apreender a inteira riqueza dessas relações sociais consiste na plena compreensão da produção burguesa moderna. Sem esta compreensão, será impossível uma *teoria social* que permita oferecer um *conhecimento verdadeiro da sociedade burguesa como totalidade* (incluindo, pois, o conhecimento – para além da sua organização econômica – das suas instituições sociais e políticas e da cultura). Para elaborar a reprodução ideal (a teoria) do seu objeto real (que é a sociedade burguesa), Marx descobriu que *o procedimento fundante é a análise do modo pelo qual nele se produz a riqueza material*.

A questão da riqueza material – ou, mais exatamente, das *condições materiais da vida social* –, porém, não envolve apenas a produção, mas articula ainda a distribuição, a troca (e a circulação, que é "a troca considerada em sua totalidade") e o consumo. Por que, então, começar pela produção? A argumentação de Marx, baseada no aprofundamento de seus estudos anteriores e consolidada no exílio londrino, depois de demonstrar que a produção é, em parte, consumo e este, parcialmente, é produção, e também depois de relacioná-los à distribuição e à circulação, leva ao seguinte resultado: estes momentos (produção, distribuição, troca, consumo) não são idênticos, mas todos "são elementos de uma totalidade, diferenças dentro de uma mesma unidade". Mas, sem prejuízo da interação entre esses elementos, é dominante o momento da produção:

> A produção se expande tanto a si mesma [...] como se alastra aos demais momentos. O processo começa de novo sempre a partir dela. Que a troca e o consumo não

possam ser o elemento predominante, compreende-se por si mesmo. O mesmo acontece com a distribuição [...]. Uma [forma] determinada da produção determina, pois, [formas] determinadas do consumo, da distribuição, da troca, assim como *relações determinadas desses diferentes fatores entre si*.

Uma teoria social da sociedade burguesa, portanto, *tem* que possuir como fundamento a análise teórica da produção das condições materiais da vida social. Este ponto de partida não expressa um juízo ou uma preferência pessoais do pesquisador: ele é uma exigência que decorre do próprio objeto de pesquisa – sua estrutura e dinâmica só serão reproduzidas com veracidade no plano ideal a partir desse fundamento; o pesquisador só será fiel ao objeto se atender a tal imperativo (é evidente que o pesquisador é livre para encontrar e explorar outras vias de acesso ao objeto que é a sociedade e pode, inclusive, chegar a resultados interessantes; entretanto, tais resultados nunca permitirão articular uma teoria social que dê conta dos níveis decisivos e da dinâmica fundamental da sociedade burguesa)[10].

---

[10] É o caso, para ficarmos entre os "clássicos" das ciências sociais, de Durkheim e Weber. Nas suas obras, encontram-se análises e proposições que oferecem indicações pertinentes à compreensão da vida social; dadas, porém, as suas concepções teóricas e metodológicas (conducentes a pensar as relações sociais no marco de uma ciência par-

Uma vez determinado o seu objeto, põe-se a Marx a questão de como conhecê-lo – põe-se a questão do método. Aqui, nada melhor que dar a palavra ao próprio Marx:

> Quando estudamos um dado país do ponto de vista da Economia Política, começamos por sua população, sua divisão em classes, sua repartição entre cidades e campo [...]; os diferentes ramos da produção, a exportação e a importação, a produção e o consumo anuais, os preços das mercadorias etc. Parece que o correto é começar pelo real e pelo concreto, que são a pressuposição prévia e efetiva; assim, em Economia, por exemplo, começar-se-ia pela população, que é a base e o sujeito do ato social de produção como um todo. No entanto, graças a uma observação mais atenta, tomamos conhecimento de que isto é falso. A população é uma abstração se desprezarmos, por exemplo, as classes que a compõem. Por seu lado, essas classes são uma palavra vazia de sentido se ignorarmos os elementos em que repousam, por exemplo: o trabalho assalariado, o capital etc. Estes supõem a troca, a divisão do trabalho,

---

ticular e autônoma, a Sociologia, dela excluída precisamente a questão da produção material, tornada objeto de outra disciplina acadêmica, a Economia), eles – mesmo Weber, que, sabe-se, interessava-se por Economia – não foram capazes de elaborar uma teoria social apta a dar conta da *articulação entre relações sociais e vida econômica*. Para uma crítica de princípio à Sociologia como ciência particular e autônoma, cf. Lukács (1968, cap. VI).

os preços etc. O capital, por exemplo, sem o trabalho assalariado, sem o valor, sem o dinheiro, sem o preço etc. não é nada. Assim, se começássemos pela população, teríamos uma representação caótica do todo e, através de uma determinação mais precisa, através de uma análise, chegaríamos a conceitos cada vez mais simples; do concreto idealizado passaríamos a abstrações cada vez mais tênues até atingirmos determinações as mais simples.

Como bom materialista, Marx distingue claramente o que é da ordem da realidade, do objeto, do que é da ordem do pensamento (o conhecimento operado pelo sujeito): começa-se "pelo real e pelo concreto", que aparecem como *dados*; pela análise, um e outro elementos são abstraídos e, progressivamente, com o avanço da análise, chega-se a conceitos, a abstrações que remetem a determinações as mais simples. Este foi o caminho ou, se se quiser, o *método*

> [...] historicamente seguido pela nascente economia. Os economistas do século XVII, por exemplo, começam sempre pelo todo vivo: a população, a nação, o Estado, vários Estados etc., mas terminam sempre por descobrir, por meio da análise, certo número de relações gerais abstratas que são determinantes, tais como a divisão do trabalho, o dinheiro, o valor etc.

Marx considera que este procedimento analítico foi necessário na emergência da economia política, mas está longe de ser suficiente para reproduzir idealmente (teoricamente) o "real" e o "concreto". Com efeito, depois de alcançar aquelas "determinações mais simples", "teríamos que voltar a fazer a viagem de modo inverso, até dar de novo com a população, mas desta vez não como uma representação caótica de um todo, porém como uma rica totalidade de determinações e relações diversas".

É esta "viagem de volta" que caracteriza, segundo Marx, o método adequado para a elaboração teórica. Ele esclarece:

> O último método é manifestamente o método cientificamente exato. O concreto é concreto porque é síntese de muitas determinações, isto é, unidade do diverso. Por isso, o concreto aparece no pensamento como o processo de síntese, como resultado, não como ponto de partida, ainda que seja o ponto de partida efetivo [...]. *No primeiro método, a representação plena volatiza-se em determinações abstratas; no segundo, as determinações abstratas conduzem à reprodução do concreto por meio do pensamento* (itálicos não originais).

Deve-se distinguir, a esta altura, para alcançar a inteira compreensão do método que Marx considera "cientificamente exato", o sentido de "abstração" e "abstrato". A abstração é a capacidade intelectiva que permite extrair de sua contextualidade determinada (de uma totalidade) um elemento, isolá-lo, examiná-lo; é um procedimento intelectual sem o qual a análise é inviável – aliás, no domínio do estudo da sociedade, o próprio Marx insistiu com força em que a abstração é um recurso indispensável para o pesquisador[11]. A abstração, possibilitando a análise, retira do elemento abstraído as suas determinações mais concretas, até atingir "determinações as mais simples". Neste nível, o elemento abstraído torna-se "abstrato" – precisamente o que não é na totalidade de que foi extraído: nela, ele se concretiza porquanto está saturado de "muitas determinações". A realidade é concreta exatamente por isso, por ser "a síntese de muitas determinações", a "unidade do diverso" que é própria de toda totalidade. O conhecimento teórico é, nesta medida, para Marx, o conhecimento do concreto, que constitui a realidade, mas que não se oferece imediatamente ao pensamento: deve ser reproduzido por este e só "a viagem de modo inverso" permite esta reprodução. Já salientamos que, em Marx, há uma contínua preocupação em distinguir a

---

[11] "[...] Na análise das formas econômicas, não se pode utilizar nem microscópio nem reagentes químicos. A capacidade de abstração substitui esses meios" (Marx, 1968, p. 4).

esfera do ser da esfera do pensamento; o concreto a que chega o pensamento pelo método que Marx considera "cientificamente exato" (o "concreto pensado") é um produto do pensamento que realiza "a viagem de modo inverso". Marx não hesita em qualificar este método como aquele "que consiste em elevar-se do abstrato ao concreto", "único modo" pelo qual "o cérebro pensante" "se apropria do mundo".

Cabe também precisar o sentido das "determinações": determinações são traços pertinentes aos elementos constitutivos da realidade; nas palavras de um analista, para Marx, a determinação é um "momento essencial constitutivo do objeto" (Dussel, 1985, p. 32). Por isso, o conhecimento concreto do objeto é o conhecimento das suas múltiplas determinações – tanto mais se reproduzem as determinações de um objeto, tanto mais o pensamento reproduz a sua riqueza (concreção) real. As "determinações as mais simples" estão postas no nível da universalidade; na imediaticidade do real, elas mostram-se como singularidades – mas o conhecimento do concreto opera-se envolvendo universalidade, singularidade e particularidade[12].

---

[12] A análise cuidadosa dessas categorias encontra-se em Lukács (1970, cap. III e 1979, p. 77-171).

Ora, o objetivo da pesquisa marxiana é, expressamente, conhecer "as categorias que constituem a articulação interna da sociedade burguesa". E o que são "categorias", das quais Marx cita inúmeras (trabalho, valor, capital etc.)? As categorias, diz ele, "exprimem [...] formas de modo de ser, determinações de existência, frequentemente aspectos isolados de [uma] sociedade determinada" – ou seja: elas são objetivas, reais (pertencem à ordem do ser – são categorias *ontológicas*); mediante procedimentos intelectivos (basicamente, mediante a abstração), o pesquisador as reproduz teoricamente (e, assim, também pertencem à ordem do pensamento – são categorias *reflexivas*). Por isso mesmo, tanto real quanto teoricamente, as categorias são *históricas* e *transitórias*: as categorias próprias da sociedade burguesa só têm validez plena no seu marco (um exemplo: trabalho assalariado). E, uma vez que, como vimos, para Marx "a sociedade burguesa é a organização histórica mais desenvolvida, mais diferenciada da produção" – vale dizer: a mais *complexa* de todas as organizações da produção até hoje conhecida –, é nela que existe realmente o maior desenvolvimento e a maior diferenciação categorial. Logo, a sua reprodução ideal (a sua teoria) implica a apreensão intelectiva dessa riqueza categorial (o que significa dizer que a teoria da sociedade burguesa deve ser também rica em categorias[13]).

Depois de anotar que a sociedade burguesa apresenta a mais desenvolvida organização da produção, Marx, numa argumentação que interdita qualquer procedimento de natureza positivista, observa:

> As categorias que exprimem suas [da sociedade burguesa] relações, a compreensão de sua própria articulação, permitem penetrar na articulação e nas relações de produção de todas as formas de sociedade desaparecidas, sobre cujas ruínas e elementos se acha edificada e cujos vestígios, não ultrapassados ainda, levam de arrastão, desenvolvendo tudo que fora antes apenas indicado e que toma assim a sua significação etc. A anatomia do homem é a chave para a anatomia do macaco. O que nas espécies animais inferiores indica uma forma superior não pode ser compreendido [...] senão quando se conhece a forma superior. A economia burguesa fornece a chave da economia da antiguidade etc.

Esta argumentação inverte a vulgar proposição positivista de que "o mais simples explica o mais

---

[13] É precisamente esta *riqueza categorial* que não aparece nas exposições que geralmente pretendem divulgar "o método de Marx" – seu conhecimento exige a leitura da obra do próprio Marx, em especial *O capital*.

complexo": somente quando uma forma mais complexa se desenvolve e é conhecida é que se pode compreender inteiramente o menos complexo – é o presente, pois, que esclarece o passado. Na sociedade burguesa, a categoria *dinheiro* (eis um exemplo do próprio Marx) encontra-se muito mais desenvolvida do que na Antiguidade – onde funcionava como meio de troca. Se a analisássemos apenas como meio de troca, não teríamos condições de detectar as suas outras possíveis funções; quando a analisamos na sociedade burguesa (onde, ademais de meio de troca, opera como equivalente geral, medida de valor, meio de acumulação, meio de pagamento universal), seu pleno desenvolvimento ilumina o seu processo anterior.

Obviamente, afirmando-se que o presente ilumina o passado (ou, noutras palavras: que a forma mais complexa permite compreender aquilo que, numa forma menos complexa, indica potencialidade de ulterior desenvolvimento), não se descura a necessidade de conhecer a gênese histórica de uma categoria ou processo – tal conhecimento é absolutamente necessário. Mas dele não decorre o conhecimento da sua relevância no presente – sua estrutura e sua função atuais. Ambos, estrutura e função, podem apresentar características inexistentes ou atrofiadas no momento da sua emergência histórica. Assim, as condições da gênese histórica não determinam o ulterior desenvolvimento de uma categoria. Por isso mesmo, o estudo das categorias deve conjugar a análise diacrônica (da gênese e desenvolvimento) com a análise sincrônica (sua estrutura e função na organização atual)[14].

Entretanto, retornemos à última citação de Marx. Adicionalmente, e dando consequência à observação que acabamos de fazer, ele adverte: se a economia burguesa fornece a chave da economia da Antiguidade, isto não significa a inexistência de diferenças históricas – as categorias não são eternas, são historicamente determinadas e esta determinação se verifica na articulação específica que têm nas distintas formas de organização da produção. Esta é a conclusão de Marx: no estudo da sociedade burguesa,

> [...] seria, pois, impraticável e errôneo colocar as categorias econômicas na ordem segundo a qual tiveram historicamente uma ação determinante. [...] Não se trata da relação que as relações econômicas assumem historicamente na

---

[14] Eis por que Lucien Goldmann qualifica o método de Marx como "genético-estrutural" e Györg Lukács designa-o como "histórico-sistemático".

sucessão das diferentes formas de sociedade. [...] Trata-se da sua hierarquia no interior da moderna sociedade burguesa.

E foi neste sentido que se desenvolveu a pesquisa de Marx: encontrar a articulação específica que a organização burguesa, organização da produção, confere às (suas) categorias econômicas. Quando publicou, dois anos depois que escreveu a "Introdução" de que nos ocupamos aqui, os então mais recentes resultados das suas investigações sistemáticas – orientadas pelas indicações teórico-metodológicas avançadas nesta "Introdução" – no âmbito da crítica da economia política, Marx sintetizou, numa passagem célebre, o fio condutor dos seus estudos. A passagem comparece no prefácio a *Para a crítica da economia política* (1859) e é de citação imprescindível, uma vez que sumaria as conclusões daquele mencionado itinerário investigativo de praticamente 15 anos:

> Na produção social da própria vida, os homens contraem relações determinadas, necessárias e independentes da sua vontade, relações de produção estas que correspondem a uma etapa determinada de desenvolvimento de suas forças produtivas materiais. A totalidade dessas relações de produção forma a estrutura econômica da sociedade,

a base real sobre a qual se levanta uma superestrutura jurídica e política e à qual correspondem formas sociais determinadas de consciência. O modo de produção da vida material condiciona o processo em geral de vida social, político e espiritual. Não é a consciência dos homens que determina o seu ser, mas, ao contrário, é o seu ser social que determina sua consciência. Em uma certa etapa de seu desenvolvimento, as forças produtivas materiais da sociedade entram em contradição com as relações de produção existentes ou, o que nada mais é do que a sua expressão jurídica, com as relações de propriedade dentro das quais aquelas até então se tinham movido. De formas de desenvolvimento das forças produtivas essas relações se transformam em seus grilhões. Sobrevém então uma época de revolução social. Com a transformação da base econômica, toda a enorme superestrutura se transforma com maior ou menor rapidez (Marx, 1982, p. 25).

O método de Marx

O leitor que nos acompanhou até aqui estará talvez preocupado e, com certeza, não lhe reduz a preocupação a epígrafe que, com bastante cuidado, escolhemos para encimar este texto – "todo começo é difícil em qualquer ciência" –, extraída exatamente d'*O capital* (Marx, 1968, p. 4). É que não lhe oferecemos, em nome de Marx, um conjunto de regras para orientar a pesquisa; também não colocamos à sua disposição um rol de definições para dirigir a investigação. Nestas poucas páginas, apenas sumariamos – e de forma muito esquemática: só apresentamos *uma* nota introdutória à problemática metodológica de Marx – as principais aproximações marxianas à questão do método de pesquisa. E devemos justificar as razões deste procedimento.

Não oferecemos ao leitor um conjunto de regras porque, para Marx, o método não é um conjunto de regras formais que se "aplicam" a um objeto que foi recortado para uma investigação determinada nem, menos ainda, um conjunto de regras que o sujeito que pesquisa escolhe, conforme a sua vontade, para "enquadrar" o seu objeto de investigação. Recordemos a passagem de Lenin que citamos: Marx não nos entregou uma lógica, deu-nos a lógica d'*O capital*. Isto quer dizer que Marx não nos apresentou o que "pensava" sobre o capital, a partir de um sistema de categorias previamente elaboradas e ordenadas conforme operações intelectivas: ele (nos) descobriu a estrutura e a dinâmica *reais* do capital; não lhe "atribuiu" ou "imputou" uma lógica: extraiu da efetividade do movimento do capital a *sua* (própria, imanente) *lógica* – numa palavra, deu-nos a teoria do capital: a *reprodução ideal do seu movimento real*[15].

E para operar esta reprodução, ele tratou de ser *fiel ao objeto*: é a estrutura e a dinâmica do objeto que comandam os procedimentos do pesquisador. O método implica, pois, para Marx, uma determinada *posição* (*perspectiva*) do sujeito que pesquisa: aquela em que se põe o pesquisador para, na sua relação com o objeto, extrair dele as suas múltiplas determinações.

Também não oferecemos definições ao leitor. Porque procede pela descoberta das determinações, e porque, quanto mais avança na pesquisa, mais descobre determinações – conhecer teoricamente é (para usar uma expressão cara ao Professor Florestan Fernandes) *saturar o objeto pensado com as suas determinações concretas* –, Marx não opera com definições. Na "viagem em sentido inverso", as "abstrações mais tênues" e as "determinações as

---

[15] E é desnecessário dizer que esta *reprodução ideal*, cuja validade a história real do capitalismo do último século e meio vem reafirmando, na medida em que é *necessária*, não é *suficiente* para dar conta do capitalismo contemporâneo: novos fenômenos, sinalizando novos processos, emergiram na dinâmica do capital, fenômenos e processos que Marx não examinou (e nem poderia tê-lo feito). Mas é o *método* por ele descoberto que tem possibilitado o tratamento crítico-analítico da contemporaneidade, em autores tão diversos como Mandel, Mészáros, Harvey e tantos outros.

mais simples" vão sendo carregadas das relações e das dimensões que objetivamente possuem e devem adquirir para reproduzir (no plano do pensamento) as múltiplas determinações que constituem o concreto real.

Mas, sobretudo, procedemos aqui com o cuidado de manter *a indissociável conexão que existe em Marx entre elaboração teórica e formulação metodológica*. Os pressupostos desenvolvidos ao longo dos anos 1840 encaminham elaborações teóricas que são refundidas, revisadas, aprofundadas etc. no trato do material histórico-social e que rebatem nas propostas metodológicas; os estudos dos anos 1850, orientados pelas formulações metodológicas já alcançadas, promovem avanços teóricos e estes redimensionam exigências metodológicas. A formulação da "Introdução" de 1857 é, vista no processo do pensamento de Marx, um ponto de chegada e um ponto de partida. É um ponto de chegada, na medida em que resulta de todo o trato teórico anterior e, pois, contém uma adequação da posição (perspectiva) do pesquisador às exigências do objeto; é um ponto de partida, porque assinala um novo tratamento do objeto – que vai comparecer nos *Elementos fundamentais para a crítica da economia política. Rascunhos. 1857-1858*. Este novo tratamento teórico, por sua vez, implica uma depuração ainda maior da formulação metodológica – e ambos, tratamento teórico e formulação metodológica, que constituem uma unidade, surgirão, límpidos, n'*O capital. A indissociável conexão que mencionamos impede uma abordagem que, na obra de Marx, autonomize o método em face da teoria*: não é possível, senão ao preço de uma adulteração do pensamento marxiano, analisar o método sem a necessária referência teórica e, igualmente, a teoria social de Marx torna-se ininteligível sem a consideração de seu método. Como corretamente afirmou Goldmann (1985, p. 7), no pensamento que se apoia na perspectiva da totalidade, a que me referirei a seguir, é ilegítima

> uma separação rigorosa entre o método e a investigação concreta, que são as duas faces da mesma moeda. De fato, parece certo que o método só se encontra na própria investigação e que esta só pode ser válida e frutífera na medida em que toma consciência, progressivamente, da natureza do seu próprio avanço e das condições que lhe permitem avançar.

E é nesta conexão que encontramos plenamente articuladas três categorias – de novo: teórico-metodológicas – que nos parecem nuclear a concepção teórico-metodológica de Marx, tal como esta surge nas elaborações de e posteriores a 1857 (ainda que lastreadas em sua produção anterior). Trata-se das categorias de *totalidade,* de *contradição* e de *mediação* (Marcuse, 1969; Lukács, 1970, 1974 e 1979 e Barata-Moura, 1977).

Para Marx, a sociedade burguesa é uma *totalidade concreta*. Não é um "todo" constituído por "partes" funcionalmente integradas. Antes, é uma totalidade concreta inclusiva e macroscópica, de máxima complexidade, constituída por totalidades de menor complexidade. Nenhuma dessas totalidades é "simples" – o que as distingue é o seu grau de complexidade (é a partir desta verificação que, para retomar livremente uma expressão lukacsiana, a realidade da sociedade burguesa pode ser apreendida como *um complexo constituído por complexos*). E se há totalidades mais determinantes que outras (já vimos, por exemplo, que, na produção das condições materiais da vida social, a produção determina o consumo), elas se distinguem pela legalidade que as rege: as tendências operantes numa totalidade lhe são peculiares e não podem ser transladadas diretamente a outras totalidades. Se assim fosse, a totalidade concreta que é a sociedade burguesa seria uma totalidade *amorfa* – e o seu estudo nos revela que se trata de uma totalidade *estruturada e articulada*. Cabe à análise de cada um dos complexos constitutivos das totalidades esclarecer as tendências que operam especificamente em cada uma delas.

Mas a totalidade concreta e articulada que é a sociedade burguesa é uma *totalidade dinâmica* – seu movimento resulta do caráter *contraditório* de *todas* as totalidades que compõem a totalidade inclusiva e macroscópica. Sem as contradições, as totalidades seriam *totalidades inertes*, mortas – e o que a análise registra é precisamente a sua contínua transformação. A natureza dessas contradições, seus ritmos, as condições de seus limites, controles e soluções dependem da estrutura de cada totalidade – e, novamente, não há fórmulas/formas apriorísticas para determiná-las: também cabe à pesquisa descobri-las.

Enfim, uma questão crucial reside em descobrir as *relações* entre os processos ocorrentes nas totalidades constitutivas tomadas na sua diversidade e entre elas e a totalidade inclusiva que é a sociedade burguesa. Tais relações nunca são diretas; elas são *mediadas* não apenas pelos distintos níveis de complexidade, mas, sobretudo, pela estrutura peculiar de cada totalidade. Sem os *sistemas de mediações* (internas e externas) que articulam tais totalidades, a totalidade concreta que é a sociedade burguesa seria uma totalidade *indiferenciada* – e a indiferenciação cancelaria o caráter do concreto, já determinado como "unidade do diverso"[16].

Articulando estas três categorias nucleares – a totalidade, a contradição e a mediação –, Marx descobriu a perspectiva metodológica que lhe propiciou o erguimento do seu edifício teórico. Ao nos oferecer o exaustivo estudo da "produção burguesa", ele nos legou a base necessária, indispensável, para a teoria social. Se, em inúmeros passos do conjunto da sua obra, Marx foi muito além daquele estudo,

---

[16] O marxista que melhor esclareceu a concepção de totalidade na obra marxiana foi Lukács. Depois de criticar a concepção de totalidade tal como a pensa a filosofia burguesa (bem como a sua adulteração pelo fascismo), ele escreve: "A verdadeira totalidade, a totalidade do materialismo dialético, [...] é uma unidade concreta de forças opostas em uma luta recíproca; isto significa que, sem causalidade, nenhuma totalidade viva é possível e que, ademais, cada totalidade é relativa; significa que, quer em face de um nível mais alto, quer em face de um nível mais baixo, ela resulta de totalidades subordinadas e, por seu turno, é função de uma totalidade e de uma ordem superiores; segue-se, pois, que esta função é igualmente relativa. Enfim, cada totalidade é relativa e mutável, mesmo historicamente: ela pode esgotar-se e destruir-se – seu caráter de totalidade subsiste apenas no marco de circunstâncias históricas determinadas e concretas" (Lukács, 2007, p. 59). Mészáros observa que, com esta concepção, extraída do pensamento de Marx, evita-se tanto o misticismo da totalidade – tomada diretamente na sua imediaticidade, com a supressão das suas mediações –, que o fascismo cultivou, quanto o seu extremo oposto, vale dizer, a sua negação, que leva à fragmentação e à psicologização da vida social (*in* Parkinson, org., 1973, p. 78 e ss.).

fornecendo fundamentais determinações acerca de outras das totalidades constitutivas da sociedade burguesa, o fato é que sua teoria social permanece em construção – e, em todos os esforços exitosos operados nesta construção, o que se constata é a fidelidade à perspectiva metodológica que acabamos de esboçar. É nesta fidelidade, aliás, que reside o que, num estudo célebre, Lukács (1974, p. 15) designou como *ortodoxia* em matéria de marxismo.

Bibliografia

BARATA-MOURA, J. *Totalidade e contradição. Acerca da dialética*. Lisboa: Horizonte, 1977.

BENSAÏD, D. *Marx, o intempestivo*. Rio de Janeiro: Civilização Brasileira, 1999.

BORÓN, A. et alii (org.). *A teoria marxista hoje. Problemas e perspectivas*. Buenos Aires/ S. Paulo: Clacso/Expressão Popular, 2007.

DAL PRA, M. *La dialéctica en Marx*. Barcelona: Martínez Roca, 1971.

DURKHEIM, E. *As regras do método sociológico*. S. Paulo: Cia. Ed. Nacional, 1975.

DUSSEL, E. *La producción teórica de Marx. Un comentario a los Gründrisse*. México: Siglo XXI, 1985.

ENGELS, F. *Anti-Dühring*. Rio de Janeiro: Paz e Terra, 1979.

FERNANDES, F. *Fundamentos empíricos da explicação sociológica*. São Paulo: T. A. Queiroz, 1980.

FEYERABEND, P. *Diálogo sobre el método*. Madrid: Cátedra, 1990.

_____. *Contra o método*. São Paulo: UNESP, 2007.

GEYMONAT, L. (Dir.). *Historia del pensamiento filosófico y científico*. Barcelona: Ariel, 1984-1985, vols. I-II-III.

GIDDENS, A. *As novas regras do método sociológico*. Rio de Janeiro: Zahar, 1978.

GOLDMANN, L. *El hombre y lo absoluto. El dios oculto*. Barcelona: Península, 1985.

GOULDNER, A. W. *La crisis de la sociología occidental*. Buenos Aires: Amorrortu, 2000.

Lenin, V. I. *Obras escolhidas em três tomos*. Lisboa-Moscou: Avante!-Progresso, 1977, vol. I.

_____. *Obras escolhidas em seis tomos*. Lisboa-Moscou: Avante!-Progresso, 1989, t. 6.

LÖWY, M. *Método dialético e teoria política*. Rio de Janeiro: Paz e Terra, 1975.

Lukács, G. *El asalto a la razón*. México/Barcelona: Grijalbo, 1968.

_____. *Introdução a uma estética Marxista*. Rio de Janeiro: Civilização Brasileira, 1970.

_____. *História e consciência de classe*. Porto: Escorpião, 1974 [edição brasileira: São Paulo: Martins Fontes, 2003].

_____. *Ontologia do ser social. Os princípios ontológicos fundamentais de Marx*. S. Paulo: Ciências Humanas, 1979.

_____. *O jovem Marx e outros escritos de filosofia*. Rio de Janeiro: Editora UFRJ, 2007.

_____. *Arte e sociedade*. Escritos estéticos (1932-1967). Rio de Janeiro: Editora UFRJ, 2009.

_____. *Marx e Engels como historiadores da literatura*. Porto: Nova Crítica, s.d.

LYOTARD, J.-F. *A condição pós-moderna*. Rio de Janeiro: José Olímpio, 2008.

MANDEL, E. *A formação do pensamento econômico de Karl Marx*. Rio de Janeiro: Zahar, 1968.

MARCUSE, H. *Razão e revolução*. Rio de Janeiro: Saga, 1969.

MARX, K. *O capital. Crítica da economia política*. Rio de Janeiro: Civilização Brasileira, I, 1, 1968; I, 2, 1968a; III, 4, 1974; III, 5, 1974a e III, 6, 1974b.

_____. *O 18 brumário e cartas a Kugelmann*. Rio de Janeiro: Paz e Terra, 1969.

_____. *Para a crítica da economia política. Salário, preço e lucro. O rendimento e suas fontes*. S. Paulo: Abril Cultural, col. "Os economistas", 1982.

_____. *As lutas de classes na França (1848-1850)*. São Paulo: Global, 1986.

_____. *A burguesia e a contra-revolução*. São Paulo: Ensaio, 1987.

_____. *Manuscritos econômico-filosóficos de 1844*. Lisboa: Avante!, 1994.

_____. *Crítica da filosofia do direito de Hegel*. São Paulo: Boitempo, 2005.

_____. *Miséria da filosofia*. São Paulo: Expressão Popular, 2009.

MARX, K.-ENGELS, F. *Obras escolhidas em três volumes*. Rio de Janeiro: Vitória, 1963, v. 3.

_____. *A sagrada família ou a crítica da crítica crítica*. São Paulo: Boitempo, 2003.

_____. *A ideologia alemã*. São Paulo: Boitempo, 2007.

_____. *Cultura, arte e literatura. Textos escolhidos*. S. Paulo: Expressão Popular, 2010.

MÉSZÁROS, I. *Filosofia, ideologia e ciência social*. São Paulo: Ensaio, 1993.

_____. *Estrutura social e formas de consciência*. São Paulo: Boitempo, 2009.

MORIN, E. *O método*. Porto Alegre: Sulina, 2005, vols. 1-6.

NETTO, J. P. *Marxismo impenitente. Contribuição à história das ideias marxistas*. São Paulo: Cortez, 2004.

PARKINSON, G. H. R. (org.) *Georg Lukács. El hombre, su obra, sus ideas*. Barcelona-México: Grijalbo, 1973.

POPPER, K. *A lógica da investigação científica*. São Paulo: Nova Cultural, 1980.

ROSDOLSKY, R. *Gênese e estrutura de O capital de Karl Marx*. Rio de Janeiro: Contraponto/UERJ, 2001.

Santos, B. S. *Introdução a uma ciência pós-moderna*. Rio de Janeiro: Graal, 1989.

_____. *Pela mão de Alice. O social e o político na pós-modernidade*. São Paulo: Cortez, 1995.

_____. *A crítica da razão indolente. Contra o desperdício da experiência*. São Paulo: Cortez, 2000, vol. 1.

SARTRE, J. P. *Questão de método*. São Paulo: DIFEL, 2979.

THIOLLENT, M. *Crítica metodológica, investigação social e enquete operária*. São Paulo: Polis, 1986.

WEBER, M. *Metodologia das ciências sociais*. São Paulo: Cortez, 1992, vols. 1-2.

_____. *Economia e sociedade*. Brasília: Editora da UnB, 2000, vols. 1-2.

WOOD, E. M. *Democracia contra capitalismo*. São Paulo: Boitempo, 2006.